Sina Nuêmo

Horoskopdeutung

Sina Nuêmo

Horoskopdeutung

Chiron, Lilith & Mondknotenachse

Goldene Rakete Verlag für Belletristik

Imprint

Any brand names and product names mentioned in this book are subject to trademark, brand or patent protection and are trademarks or registered trademarks of their respective holders. The use of brand names, product names, common names, trade names, product descriptions etc. even without a particular marking in this work is in no way to be construed to mean that such names may be regarded as unrestricted in respect of trademark and brand protection legislation and could thus be used by anyone.

Cover image: www.ingimage.com

Publisher:
Goldene Rakete Verlag für Belletristik
is a trademark of
International Book Market Service Ltd., member of OmniScriptum Publishing Group
17 Meldrum Street, Beau Bassin 71504, Mauritius

Printed at: see last page
ISBN: 978-620-2-44436-1

Inhaltsverzeichnis[1]:

[1] Vgl. Anita Cortesi und V*S, Text, Horoskop und Deutung.

Wie an dem Tag, der dich der Welt verliehen,
Die Sonne stand zum Gruße der Planeten,
Bist alsobald und fort und fort gediehen,
Nach dem Gesetz, wonach du angetreten.

So musst du sein, dir kannst du nicht entfliehen,
so sagten schon Sibyllen, so Propheten;
Und keine Zeit und keine Macht zerstückelt
Geprägte Form, die lebend sich entwickelt.

- **Johann Wolfgang von Goethe**

I. Psychologischer Grundtyp:

i. Der Willenstyp als Lebensaufgabe:

Aufgrund Ihres Geburtsbildes dürfte Ihnen der Umgang mit Willen und Spontaneität nicht ganz einfach fallen. Es fehlt Ihnen sozusagen das Werkzeug, um den eigenen Willen kundzutun und sich spontan durchzusetzen. Wie um einen inneren Ausgleich zu schaffen, betreiben Sie eventuell risikoreiche Sportarten oder sind in irgendeinem Bereich Ihres Lebens ein Pionier. Denkbar ist auch, dass Sie mutige, initiative und tatkräftige Menschen, die voller Elan ihre Vorstellungen verwirklichen, bewundern. Unter anderem mögen Spitzensportler zu Ihren Favoriten gehören. Auch die Wahl eines entsprechenden Partners bringt Sie in Kontakt mit diesen Eigenschaften. Feuer und Feuerwerk mag Sie ganz besonders faszinieren oder auch ängstigen. Vermutlich war das innere Bedürfnis, sich spontaner darzustellen, die eigenen Anliegen offen zu vertreten und Vorstellungskraft und Kreativität vermehrt einzubeziehen, auch eine wichtige – unbewusste – Motivation in Ihrer Berufswahl. Indem Sie im Beruf sich für eine Sache oder andere Menschen durchsetzen, üben Sie, auch für sich selber geradezustehen und sich zu zeigen.

ii. Denktyp und Fühltyp:

In Ihrem Geburtsbild sind der Denk- und Fühltyp symbolisch fast gleich stark vertreten. Da in unserer westlichen Kultur und Gesellschaft dem Denken gegenüber dem Fühlen der Vorzug gegeben wird und das Umfeld, in dem Sie aufgewachsen sind, Ihre denkerischen Fähigkeiten mehr gefördert hat als Ihre emotionalen, haben Sie sich vermutlich als kleines Kind unbewusst mit dem Denktyp stärker identifiziert, die entsprechenden Eigenschaften und Verhaltensmuster immer wieder durchlebt und sie im Laufe der Jahre zu einem nützlichen Werkzeug verfeinert. Der Fühltyp dürfte dabei eher ein Schattendasein gefristet haben. Angenommen, dass der Denktyp überwiegt, sind Sie grundsätzlich objektiv, kontaktfreudig und geistig flexibel. Sie schätzen Ihr Denkvermögen und setzen es aktiv ein. In der Welt der Ideen sind Sie zuhause; vermutlich haben Sie eine Art vorgefasstes Ideensystem, das Sie sich aus Gesprächen, Büchern und eigenen Gedanken aufgebaut habe. Neue Erfahrungen prüfen Sie auf ihre logische Struktur und ordnen sie dann Ihrem System ein. Ihre persönliche Bildung ist Ihnen wichtig. Sie haben Sinn für Fairness, mögen Kultur und respektieren Strukturen und Systeme. Das Gespräch mit anderen nimmt eine zentrale Stellung in Ihrem Leben ein; Sie betrachten Sprache als eines der wichtigsten Ausdrucksmittel. Möchten Sie für alles eine Erklärung? Vielleicht ist es für Sie wichtig, anzuerkennen, dass es Dinge gibt, die nicht mit dem Verstand begreifbar sind, denn Sie neigen dazu, auch Irrationales wie zum Beispiel Gefühle in Ihr logisches System einordnen zu wollen. Dadurch bleiben Sie in zwischenmenschlichen Belangen oft auf Distanz, ohne es eigentlich zu beabsichtigen. Probleme auf der Gefühlsebene lassen sich kaum allein durch Überlegen lösen. Es fällt Ihnen eher schwer, dies zu akzeptieren und gefühlsmäßig eine

Situation zu durchspüren und nicht nur aus emotionaler Distanz darüber zu reflektieren. Gleichzeitig haben Sie eine ausgeprägte gefühlsbetonte Seite, die zum Ausdruck kommen will. So kann es geschehen, dass Sie diese Seite in ungeeigneten Momenten überkommt, und Sie starken Wechseln von Sachlichkeit und Emotionalität unterworfen sind. Wenn Sie auch dem Fühlen mehr Raum zugestehen, persönlichen Beziehungen und menschlichen Werten mehr Gewicht geben, so können Sie entdecken, dass Sie auf einer unbewussten Gefühlsebene Menschen sehr gut verstehen, sich einfühlen können und instinktiv richtig reagieren. Die dunkleren Seiten des Menschseins sind Ihnen vertraut, und Sie handeln auch in schwierigen Situationen richtig, ohne lange überlegen zu müssen. Wenn Sie Vertrauen in Ihre Gefühle entwickeln, werden Sie durch ein reiches Innenleben belohnt. Dies kann Ihnen zu einem sicheren Wegweiser im Leben werden. So lernen Sie auch die Bedürfnisse anderer verstehen, können mit großer Feinfühligkeit die Werte in menschlichen Beziehungen erkennen und auch Menschen zusammenbringen. Ihre große Beeindruckbarkeit macht Sie abhängig von einer harmonischen Umgebung, und Sie neigen dazu, sich dem Frieden zuliebe anzupassen und Probleme zu überbrücken mit Nähe und Zärtlichkeit, anstatt sie klar beim Namen zu nennen. Da der Denktyp sich durch Logik, Sachlichkeit und kühle Distanz auszeichnet, der Fühltyp sich dagegen voll einbringt und sich vorwiegend nach emotionalen und menschlichen Werten orientiert, kann das eine das andere ausschließen. Mit großer Wahrscheinlichkeit wurde der Denktyp in Ihrer Kindheit mehr gefördert, so dass Sie den Fühltyp zumindest teilweise aus Ihrem Leben verbannt haben. Die Eigenschaften des letzteren konnten viel weniger zu einem brauchbaren Werkzeug geformt werden. So stolpern sie vermutlich immer wieder über den vernachlässigten Typ in sich, so lange, bis Sie sich im Laufe des Lebens auch dessen Qualitäten zu eigen machen. Dann kann die Mischung von Denken und Fühlen, von Sachlichkeit und Emotionalität Ihnen dazu verhelfen, letztlich zu einem sehr ausgeglichenen und ganzheitlichen Menschen zu werden.

II. Erscheinungsbild:

i. Eine weiche Schale:

Der Aszendent symbolisiert das Schaufenster oder die Maske Ihrer Persönlichkeit, das heißt die Eigenschaften, die Sie primär nach außen zeigen und die ein anderer zuerst an Ihnen wahrnimmt. Er weist auf einen Bereich hin, der Ihnen einerseits vertraut ist, Sie andererseits ein Leben lang zu einer intensiven Persönlichkeitsentwicklung herausfordert. Sie strahlen eine kindliche Spontaneität und Wärme aus. Sie fühlen sich in einer familiären Atmosphäre wohl. Sie schätzen ein gewisses Maß an Fürsorglichkeit und gegenseitigem Umsorgt-Werden, und Sie locken diese Seite durch Ihr mütterlich-fürsorgliches Verhalten auch bei anderen heraus. Andere reagieren Ihnen gegenüber relativ offen und erzählen von Ihren Freuden und Sorgen. Das Leben fordert Sie immer wieder auf, Fürsorglichkeit, Empfindsamkeit und emotionale Wärme nicht nur als Maske nach außen zu zeigen, sondern zu Ihren inneren Qualitäten werden zu lassen. Indem Sie gleichsam die Rolle eines einfühlsamen und beeindruckbaren Menschen spielen, formen Sie Ihren Charakter in diese Richtung und finden einen tieferen Zugang zu den eigenen Gefühlen. Der Aszendent ist auch eine Art Brille, mit der Sie die Umwelt in einer speziellen Färbung wahrnehmen. Sie sehen die Umwelt aus der Sicht einer Mutter-Kind-Beziehung; Geborgenheit und Vertrauen sind primäre Kriterien. Sie haben eine weiche Schale und sind sehr empfindsam. Fühlen Sie sich angegriffen, ziehen Sie sich spontan zurück, schmollen eventuell oder sammeln innerlich Strafpunkte, die Sie dem anderen bei passender Gelegenheit zurückzahlen. Wenn Sie sich selbst aus neutraler Warte betrachten, werden Sie vermutlich zugeben müssen, dass Sie manchmal ganz gerne wieder ein kleines Kind wären, das kuscheln und sich anlehnen darf. Die Mittel, die Sie als Erwachsene einsetzen, um zu den ersehnten Streicheleinheiten zu kommen, sind bei genauem Hinsehen kaum über jeden Zweifel erhaben. Sie neigen dazu, sich selbst oder andere in kindliche Abhängigkeiten zu bringen, sich beispielsweise schwach zu zeigen und so die Mitmenschen zur Unterstützung zu veranlassen. Es fällt Ihnen nicht leicht, sich dem rauen Wind des Lebens zu stellen. Und doch müssen Sie immer wieder aus der vertrauten Geborgenheit heraustreten, wie ein Wanderer, der jeden Morgen seine Herberge verlässt und weiterzieht.

ii. Sprache als spontanes Ausdrucksmittel:

Sprache, Denken, Lernen und ganz grundsätzlich die Wahrnehmung und Vermittlung von Umwelteindrücken scheint bei jedem Sich-Zeigen und Auf-die-Welt-Zugehen in vorderster Reihe zu stehen. Wie auch immer Sie auf andere wirken, aus dem Hintergrund meldet sich der mentale Teil Ihres Wesens und schaltet sich bei jeder Gelegenheit ein. So dürften Sie sich sprachlich gut zum Ausdruck bringen können und über eine beachtliche Redegewandtheit verfügen.

iii. Die Schwierigkeit, der eigenen Stärke Ausdruck zu verleihen:

Ihrer Kraft und Energie Ausdruck zu verleihen, fällt Ihnen nicht einfach. So spüren Sie vielleicht, wie es im Innern brodelt, finden aber nur unter Anstrengung einen geeigneten Weg, Ihre Energie zu zeigen und in den direkten Kontakt mit der Umwelt fließen zu lassen. Eine machtvolle und charismatische Ausstrahlung ist zwar als Anlage vorhanden, jedoch muss der Schatz erst ausgegraben werden. Und wie im Märchen lauern Gefahren, beispielsweise dass Sie Ihre Macht missbrauchen und andere manipulieren oder überrollen, oder dass Sie selbst Opfer von allzu dominanten Personen werden. Zur eigenen Stärke zu stehen und diese am richtigen Ort einzusetzen, ist eine Aufgabe, die Sie über Jahrzehnte Ihres Lebens immer wieder neu fordert.

III. Gesellschaftliche und berufliche Zielvorstellungen:

i. Beruf als Beitrag an ein größeres Ganzes:

Der MC symbolisiert diejenigen Qualitäten, die Sie aufgrund Ihrer Erziehung und den Vorbildern Ihrer Kindheit für erstrebenswert halten und die Sie im Berufsleben und an der Öffentlichkeit zeigen wollen. Da Sie davon ausgehen, dass Ihre Umwelt und die Gesellschaft diese Eigenschaften von Ihnen erwartet, bemühen Sie sich, diese zu entwickeln und im Beruf der Außenwelt zum Ausdruck zu bringen. Sie zeigen an der Öffentlichkeit Ihre sensible, einfühlsame und künstlerische Seite und möchten von der Gesellschaft dorthin getragen werden, wo Sie Ihren Einsatz bringen können. Auch Ihr Berufsleben ist von diesen Qualitäten gefärbt. Ihre Zielvorstellungen sind geprägt von emotionalen Qualitäten wie Sensibilität, Mitgefühl, Hingabe, Hilfsbereitschaft oder einer Traum- und Fantasiewelt. Sie streben eine Stellung an, in der Sie sich an etwas Größeres verlieren können. Dies kann ein sozialer, helfender Beruf sein, eine Beschäftigung mit Suchtthemen, Film oder Werbung, mit Wasser in irgendeiner Form, mit Musik oder Malerei. Gemeinsam ist, dass sich das Ego für etwas Umfassenderes öffnet. Sie sind bestrebt, in Beruf und Öffentlichkeit Ihr Ego mit all seinen Wünschen und Begierden gleichsam wegzustecken und nur für Ihren Beitrag an das Kollektiv da zu sein. Dies kann Ihnen ein sehr schönes Gefühl der Verbundenheit vermitteln, erschwert es Ihnen jedoch auch, die eigenen Grenzen klar zu ziehen, beispielsweise mit der Arbeitszeit oder den Rechten und Pflichten gegenüber Firma, Dorfgemeinschaft oder Staat.

ii. Ein warmes, herzliches Klima im Berufsleben:

Eine warme Atmosphäre darf in Ihrem Beruf sowie an jedem Ort, wo Sie Verantwortung zu tragen haben, nicht fehlen. Es fällt Ihnen auch nicht schwer, ein entsprechendes Klima zu schaffen, denn Sie gehen grundsätzlich davon aus, dass Sie auch in Beruf und Öffentlichkeit in erster Linie Mensch sind und Gefühle immer Platz haben. So zeigen Sie vor allem im beruflichen Umfeld eine ausgesprochen menschliche Note mit viel Herzlichkeit und Wärme.

iii. Verantwortung im Beruf:

Verantwortung zu übernehmen, ist Ihnen ein tiefes Bedürfnis. Vor allem in Bereichen, zu denen Sie eine Art Berufung verspüren, vermutlich auch im tatsächlichen Beruf, möchten Sie als pflichtbewusste Persönlichkeit anerkannt und respektiert werden. Dabei dürften Sie oftmals an Grenzen stoßen, beispielsweise indem sich äußere Hindernisse in den Weg stellen oder Ihnen die eigene Zielstrebigkeit zum Verhängnis wird. Doch haben Sie auch die Ausdauer, immer wieder neu an Ihrer Persönlichkeit zu arbeiten, so dass Sie trotz oder gerade wegen all der Hemmnisse zu einer Autorität in Beruf und Gesellschaft werden können.

iv. Eine Aufforderung zur Hingabe:

Zu Ihrem Beruf oder Berufung gehört etwas Grenzenloses, Allumfassendes, das mit All-Liebe umschrieben werden kann. Dieses überpersönliche Etwas schafft sich in Ihrem beruflichen Umfeld Ausdruck, beispielsweise durch eine große Hingabe, Einfühlsamkeit und Hilfsbereitschaft, aber auch durch verzerrtere Formen wie Chaos, Abgrenzungsschwierigkeiten oder Illusionen. Das Gemeinsame daran ist ein Zurücktreten des Ego, und so besteht denn auch die Schwierigkeit darin, weder eine zu passive, illusorische noch eine zu pragmatische oder allzu ehrgeizige Haltung einzunehmen, sondern sich mit der freudestrahlenden Hingabefähigkeit eines Franz von Assisi seinem Beruf und seiner Berufung zu widmen.

IV. <u>Wesenskern und Wille:</u>

i. Ein eigenwilliger Lebensstil:

In Ihrem innersten Wesen sind Sie ein Individualist. Persönliche Freiheit ist Ihnen wichtig. Sie sind vielseitig und geistig aktiv. Ihr Blick ist auf die Zukunft gerichtet. Sie sind offen für Veränderungen und haben ein gutes Gespür für die Chancen, die in einer Situation liegen. Möglicherweise fällt es Ihnen nicht ganz leicht, sich für längere Zeit für etwas zu engagieren. Wenn Sie sich für etwas verpflichten und dadurch andere Möglichkeiten ausschließen, bedeutet dies für Sie relativ schnell Verlust von Freiheit. So sehen Sie sich vermutlich oft vor dem Dilemma, ob Sie etwas unternehmen wollen, das Ausdauer, Engagement und harte Arbeit erfordert, oder ob Sie lieber hier ein bisschen ausprobieren und dort ein wenig mitmachen wollen. Sie werden auch kaum beim ersten Beruf bleiben. Ihr Lebenskonzept hat eine eigenwillige und idealistische Note. Sie wollen Ihren eigenen Weg gehen, und wenn Sie dabei genau das Gegenteil von dem tun müssen, was andere Ihnen vorschlagen. Sie tragen das Leitbild eines Rebellen und Reformers in sich, und Sie sind fähig, veraltete Strukturen zu durchbrechen und neue Wege zu gehen. Dabei halten Sie sich nicht so sehr an Ihre angestammte Familie, sondern suchen Kontakte zu Menschen mit ähnlichen Richtlinien. Ihr Wille kann ziemlich eigensinnige Züge aufweisen. Sie leben so, wie es Ihnen richtig erscheint, und lassen sich kaum in einen gesellschaftlichen Rahmen pressen. Gesellschaftliche Normen und Strukturen beeinflussen Sie relativ wenig. Menschliche Werte bedeuten Ihnen vermutlich mehr als Hautfarbe und Staatszugehörigkeit. Sie können viel sozialen Sinn und Toleranz für die Verschiedenheiten der Menschen entwickeln. In

Situationen, in denen Originalität und unkonventionelles Verhalten gefragt sind, dürften Sie sich gut bewähren.

ii. Das Streben nach Höherem:

Sie möchten die oben beschriebenen Qualitäten sinnvoll einsetzen und damit Ihren Horizont erweitern. Meinungsbildung, philosophische und pädagogische Fragen sowie der Austausch mit andersdenkenden Menschen und fremden Kulturen sind Ihnen wichtig, ebenso die Möglichkeit, andere von Ihrer Meinung zu überzeugen. Doch wenn Sie eine Schicht tiefer gehen und sich fragen, warum Sie neue Menschen, Ideologien und Anschauungen so faszinieren, werden Sie feststellen, dass Sie letztlich auf der Suche nach etwas sind, woran Sie glauben können, etwas, dass Sie gewissermaßen aus den irdischen Verstrickungen in geistige Höhen zieht. Diese Suche nach der eigenen Wahrheit motiviert Sie immer wieder von neuem, birgt jedoch auch die Gefahr in sich, dass Sie vor lauter Philosophien, Zukunftsvisionen und Ideologien das Leben im Hier und Jetzt vergessen.

iii. Wollen und Fühlen im Einklang:

Das männliche Willensprinzip steht in harmonischer Verbindung mit dem weiblichen Gefühlsprinzip. Sie sehen Vater und Mutter, Mann und Frau als unterschiedliche und sich ergänzende Wesen. Mit dieser Grundhaltung fallen Ihnen Beziehungen zum anderen Geschlecht relativ leicht. Wollen und Fühlen bilden ein ausgewogenes Gleichgewicht. Dies vermittelt Ihnen Menschlichkeit, Wärme und eine spontane und herzliche Ausstrahlung. Um Ihren Willen gezielt für ein Projekt einsetzen zu können, müssen Sie dieses auch gefühlsmäßig als richtig empfinden. Ist dies der Fall, so können Sie mit den vereinten Kräften von Wille und Gefühl Ihren Vorsatz in die Tat umsetzen. Sie handeln dann mit großer innerer Sicherheit und der Empfindung von Richtigkeit und wirken überzeugend und natürlich. Stures und mechanisches Vorgehen ist Ihnen eher fremd. Vieles geht Ihnen leicht von der Hand. Dies könnte Sie zu Bequemlichkeit verleiten. Gerade weil Ihre angeborene Fähigkeit, mit Menschen umzugehen, Ihnen selbstverständlich erscheint, nutzen Sie diese möglicherweise zu wenig. Da das Lustprinzip mit dem Willen in Einklang steht, haben Sie eine nicht zu unterschätzende Fähigkeit, Ihr Leben so zu gestalten, dass Sie sich dabei wohlfühlen. Langfristig werden Sie das tun, was für Sie notwendig und gut ist.

iv. Viel persönliche Freiheit:

In einem Teil Ihrer Persönlichkeit möchten Sie Freiheit, Unabhängigkeit und Selbsterkenntnis. Wie ein Vogel über dem Land seine Kreise zieht und alles überblickt, möchte dieser Teil aus einer lichten geistigen Distanz Zusammenhänge und Möglichkeiten sehen. Er lebt im Reich der Ideen und bringt tausend Vorschläge, wie alles verändert werden könnte. Über Ihren Willen wird sich einiges von diesen Ideen manifestieren. Vermutlich gestalten Sie Ihr Leben so, dass Sie viel Freiraum haben. So möchten Sie Ihr eigener Boss sein, möglichst selbständig arbeiten und neue Ideen ausprobieren können. Sie sind ein Individualist und gehen Ihren eigenen, ganz persönlichen und besonderen Weg. Und Sie haben Erfinder- und Improvisationstalent und die Fähigkeit, Zusammenhänge schnell zu erkennen. Ein innerer Drang lässt Sie immer wieder aus überholten Strukturen ausbrechen und neue Wege suchen. Sie schließen Kontakte mit Menschen, die geistige Anregung in Ihr Leben bringen und die wie Sie Individualisten sind und sich nicht an die vorhandenen Normen halten.

V. Gefühle und Temperament:

i. Ein beeindruckbares Naturell:

Ihr Gefühlsleben ist ausgeprägt. Sie wollen emotionale Sicherheit, können aber auch rührend für andere Menschen sorgen. Sie sind sehr familienverbunden und fühlen sich wohl in einer familiären und vertrauten Umgebung. Für Ihr Wohlbefinden brauchen Sie einen Ort, an dem Sie emotional zu Hause sind, Geborgenheit finden und auftanken können. Ihre Stimmungen sind von Ihrem Umfeld abhängig. Fühlen Sie sich in einer Umgebung nicht wohl, haben Sie die Tendenz, sich in Ihr Schneckenhaus zurückzuziehen. Mit Ihrer fürsorglichen Ader können Sie anderen das Gefühl von Geborgenheit vermitteln. Sie haben eine starke mütterliche Ausstrahlung. Andere fassen schnell Vertrauen zu Ihnen, fühlen sich andererseits manchmal vielleicht zu sehr umsorgt. Mit Ihrer feinfühligen Art nehmen Sie Stimmungsschwankungen von außen auf. Liegt beispielsweise Ärger in der Luft, fühlen Sie sich unwohl, auch wenn Sie nicht direkt beteiligt sind. Sie können dann leicht emotionell und kindlich reagieren, was von anderen Menschen möglicherweise missverstanden wird. Ihre kindliche Spontaneität ist jedoch auch Quelle von viel Lebensfreude, wenn Sie nur Zeit und Ort dafür richtig wählen. Sind Sie manchmal launisch und unausgeglichen? Vor allem, wenn Sie das Gefühl von Geborgenheit vermissen, werden Sie unsicher und reagieren sehr aus dem Bauch. Sie brauchen eine innere Instanz, die Ihnen gewissermaßen die Mutter ersetzt, Bedürfnisse frühzeitig wahrnimmt und für deren Erfüllung sorgt. Wenn Sie sich in Ihrer Haut wohl fühlen, entspannen sich andere unwillkürlich in Ihrer Gegenwart. Sie werden zum Zentrum eines familiären Klimas.

ii. Das Bedürfnis nach Allein-Sein und All-Eins-Sein:

Um Ihre Gefühle zu spüren und Ihre Bedürfnisse wahrzunehmen, brauchen Sie Ruhe und Einsamkeit. In der Hektik des Alltags werden Sie leicht von Reizen aus der Umwelt überflutet, und der Kontakt zu Ihren emotionalen Wurzeln – und der Sinn des Lebens – geht verloren. Sie sind sensibel und leicht verletzbar und haben ein reiches Innenleben und viel Fantasie. Deshalb ist es wichtig, dass Sie sich manchmal zurückziehen, um die Eindrücke der Außenwelt zu verarbeiten und Ihrem Unbewussten Zeit und Raum zu geben. Vielleicht setzen Sie sich mit Meditation, Religion oder Mystik auseinander, vielleicht faszinieren Sie östliche Religionen und Weltanschauungen. Vielleicht haben Sie so etwas wie eine schwärmerisch-romantische Ader, und ein Sonnenuntergang oder Sternenhimmel kann Sie tief berühren. Sie suchen Ruhe und Entspannung in der Natur, zum Beispiel durch Wandern, Reiten oder Segeln. Oder kennen Sie Fernweh-Stimmungen, Sehnsucht nach dem Meer und fernen Ländern, Sehnsucht nach Verbundenheit mit dem Kosmos? Ihre Sensibilität und Ihr Mitgefühl lässt Sie eventuell vieles für Schwächere und Hilfsbedürftige tun. Es ist dabei wichtig, dass Sie sich immer wieder fragen, wie weit dies Ihrer Natur entspricht. Immer ist das äußere Erleben ein Anstoß, um die eigenen Gefühle besser zu spüren. Ihr reiches Innenleben kann zu einer Quelle von Sinn und Lebensfreude werden. Es ist wie ein kleines Kind, es braucht viel Zuwendung, um zu gedeihen.

iii. Denken und Fühlen im Einklang:

Sie haben eine natürliche Begabung, Ihre Gefühle und Bedürfnisse wahrzunehmen, zu verstehen und auszusprechen. Sie wirken lebendig, lebensnah und vielseitig, und Sie verfügen über einen gesunden Menschenverstand. Für leblose Materie haben Sie kein großes Interesse. Sie lernen lieber durch Erfahrung als durch das Studium vieler Bücher. Auch sind Sie eher ein lebhafter Erzähler als ein strenger Logiker. Unter Menschen fühlen Sie sich wohl, und Sie finden überall schnell Kontakt. Sie reagieren aus dem Moment und finden sich auch in einer unbekannten Situation leicht zurecht.

iv. Keine Lust zum Handeln:

Wahrscheinlich erleben Sie eine Spannung zwischen Geborgenheit und Durchsetzung. Wenn Sie das eine haben, möchten Sie das andere. Es ist schwierig für Sie, beides zu vereinen. Wollen Sie zum Beispiel etwas tun, so verspüren Sie oft keine Lust dazu. Sie fühlen sich in Ihrer aktiven, handelnden und sich durchsetzenden Rolle nicht immer wohl. Vielleicht befürchten Sie, weniger geliebt und geschätzt zu werden, wenn Sie sich durchsetzen. Oder Sie überspielen dieses Unwohlsein und handeln und wehren sich; dann schleicht sich das übergangene Unlustgefühl als Stimmungsschwankung wieder ein, und Sie können ziemlich launisch sein oder sich über Kleinigkeiten ärgern. Eventuell pendeln Sie zwischen sehr aktiven, energiegeladenen und passiven Phasen. Wenn Sie allzu sehr über das Ziel hinausschießen, wird Sie die Umwelt unweigerlich in Ihre Schranken zurückweisen, was ziemlich unangenehm sein kann. Es ist deshalb wichtig, dass Sie einen Kanal finden für Ihr manchmal überschwängliches Temperament. Dann kann es Ihnen viel Lebendigkeit und Lebensfreude vermitteln. Diese Spannung zwischen dem emotionalen und dem aktiven Persönlichkeitsteil beinhaltet viel psychische Energie. Je besser Sie mit dieser Energie umgehen lernen, desto mehr offenbaren sich die positiven Seiten der Spannung. Sie werden spontaner, natürlicher und lebensfroher.

v. Tiefe Gefühle sind nicht immer angenehm:

Ihr Gefühlsleben ist tiefgründig und leidenschaftlich. Doch zeigen Sie vermutlich nur wenig davon. Sie geben sich eher kontrolliert, um die anderen Ihre aufgewühlte und verletzliche Seite nicht sehen zu lassen. Dadurch halten andere Sie für verschlossen und reagieren mit Zurückhaltung, was in Ihnen wiederum die Frage aufwirft: mag man mich denn überhaupt? So entsteht ein Kreislauf von gegenseitiger Skepsis und emotionaler Kontrolle, der sehr schmerzhaft sein kann. Vielleicht tun Sie sehr viel, um sich anderen unentbehrlich zu machen, ungefähr nach dem Motto: Wenn man mich schon nicht um meiner selbst liebt, so doch wenigstens für meine Leistung. Dieser Antrieb kann Ihnen zu beachtlichen Erfolgen im äußeren Leben verhelfen. Doch ist es wichtig, dass Sie trotzdem Ihre Gefühle nicht unter einer beruflichen Karriere verschütten. Die Tendenz dazu hängt damit zusammen, dass Sie Ihre Mutter als emotional starke Frau erlebt haben, die Sie entweder festhielt oder im Stich ließ, die frei über Sie verfügte und bestimmte, was für Sie gut und richtig war. Als Sie ein kleines Kind waren und einmal von der Mutter getrennt wurden – ein kurzer Ferien- oder Spitalaufenthalt oder sogar eine Viertelstunde allein schreiend in der Wiege genügt -, hat dies in Ihnen das tiefe Gefühl hinterlassen, emotional verraten zu werden. Aus diesem Gefühl des Manipuliert-Werdens reagieren Sie auch als Erwachsene mit Festhalten und Kontrolle, beispielsweise des Partners. Vielleicht fordern Sie von ihm, Ihnen seine Liebe dauernd von neuem zu bestätigen. Oder Sie kontrollieren Ihre eigenen Gefühle und zeigen diese nur spärlich. Sie möchten vermutlich sehr viel Nähe und scheuen gleichzeitig davor zurück. Ihre Liebsten möchten Sie ganz an sich binden. Dies kann zu Eifersucht gegenüber dem Partner und zu Ablösungsschwierigkeiten gegenüber Kindern führen. Es geht darum, andere Menschen loszulassen und sich im Hier und Jetzt auf der Gefühlsebene einzulassen ohne Kontrolle und Bedingungen, um so zu Ihrer eigenen Gefühlstiefe zu gelangen. Wo viel Schatten ist, ist auch viel Licht. Die Verbindung zwischen den Planeten symbolisiert nicht nur all die oben genannten Schwierigkeiten, sondern auch ein enormes Potential an Gefühlstiefe und innerer Stärke, eine Fähigkeit, das Leben, sich selber und die anderen Menschen auf einer tieferen emotionalen Ebene zu verstehen. Um es in der positivsten Form zu leben, ist es nötig, Schritt für Schritt die inneren Barrieren abzubauen.

VI. Kommunikation und Denken:

i. Eine Gedankenwelt voller Fantasie:

Sie haben viel Fantasie, und Ihr Denken gleicht einem inneren Film. Da es nicht einfach ist, Bilder in Worte zu fassen, haben Sie vielleicht manchmal Mühe, Vorstellungen und Gedanken verbal auszudrücken, und fühlen sich unverstanden. Die Welt der Märchen und Bilder liegt Ihnen näher als logisches Denken. Weil unsere Gesellschaft meist kein großes Verständnis dafür hat, sind Sie vermutlich schon als Kind in den Gegenpol ausgewichen und haben logisches Denken geübt. Vielleicht haben Sie einen Beruf, in dem logisches Denken eine zentrale Rolle spielt. Ihre Interessen stehen vermutlich in engem Zusammenhang mit inneren Bildern und Fantasie, beispielsweise Interesse für Malen, Schreiben, Film, Photographie oder Märchen. Sie sind vermutlich eine gute Zuhörerin und fühlen hautnah mit, was der andere erzählt. Die Stimmung Ihrer Umgebung nehmen Sie auf wie ein Grashalm den Luftzug. Da Sie sich gut in Ihr Gegenüber einfühlen können, vergessen Sie in solchen Momenten, wer Sie selbst sind und was Sie wollen. Ihre Gedanken vermischen sich mit den Anliegen und Absichten Ihres Gesprächspartners. Mit einem feinen Stimmungsbarometer nehmen Sie seine Vorstellungen auf, haben jedoch entsprechend Mühe, Ihre eigenen Ideen klar zu vertreten.

ii. Interesse für geistiges Wachstum:

Ihr Denken und Kommunizieren soll Sinn haben und Sie geistig weiterbringen. Sie setzen sich mit Meinungen und Weltanschauungen auseinander, und Sie philosophieren gerne mit anderen über den Sinn des Lebens. Kontakte mit Menschen, die Ihnen neue Horizonte erschließen, brauchen Sie fast so notwendig wie tägliche Nahrung. Sie sind offen für Neues. Vermutlich haben Sie ein waches Interesse für fremde Kulturen und Religionen. Immer wieder versuchen Sie, sich eine klare Meinung zu bilden und dieser auch Ausdruck zu verleihen. Dabei sind gesunde Überzeugungskraft und Rechthaberei oft sehr nahe beisammen. Sie wollen Ihre Gedanken und Ihr Wissen weitergeben. Mit Ihren intellektuellen und sprachlichen Fähigkeiten möchten Sie andere begeistern und überzeugen. Aus diesem Grund dürften Sie sich für eine Lehrer-, Erzieher- oder Verkäuferfunktion eignen.

iii. Gute sprachliche Durchsetzung:

Sie können gut argumentieren und sich sprachlich durchsetzen. In einem Gespräch nehmen Sie leicht die Gegenposition ein und decken die Unterschiede auf. So sind Diskussionen mit Ihnen meist lebhaft und können auch einmal in Streit ausarten. Bevor Sie etwas tun, denken Sie darüber nach und entwickeln Schlachtpläne. Ihr innerer Dialog ist sehr aktiv; es denkt in Ihnen fast ohne Unterbruch. Im Bereich der Sprache haben Sie gute Fähigkeiten, die in Berufen wie beispielsweise Reporter, Anwalt, Gesprächsleiter oder Verkäufer sehr gefragt sind. Doch auch auf der konkreten Ebene sind Sie beweglich, haben viele Kontakte und sind vermutlich oft unterwegs und auf Reisen.

iv. Hohe Anforderungen an Denken und Sprechen:

Sie stellen einen hohen Anspruch an Ihr Denken und Wissen und werden es sich kaum gestatten, etwas Falsches zu sagen. Möglicherweise halten Sie sich lieber zurück und schweigen. Vielleicht hörten Sie als Kind oft Äußerungen wie „Das verstehst du nicht!“ oder „Du sagst das falsch!“ oder „Du musst das besser lernen!“. Die Forderungen, die Eltern und Lehrer in Ihrer Kindheit an Sie stellten, haben Sie als Leitmotive übernommen und stellen Sie nun sich selber. Alles, was mit Denken, Wissen und Kommunikation zu tun hat, zensieren Sie innerlich. Sie verlangen von sich und von anderen Struktur und Sachlichkeit in diesem Bereich. Dieser innere Perfektionsanspruch kann Sie entweder völlig lähmen, nach dem Motto: „Das kann ich ja doch nie!“ oder Sie zu enormen Leistungen anspornen. Sie lernen dann gründlich und ausdauernd und können sich so ein fundiertes Wissen aneignen. Der Anspruch, nichts Falsches zu sagen, kann Ihnen durch Übung die Fähigkeit vermitteln, Ihre Gedanken sachlich und strukturiert zu formulieren. So lässt Sie die systematische, gründliche Art zu denken und zu lernen letztlich zu einer fachlichen Autorität werden und vermittelt Ihnen Sicherheit und Zufriedenheit.

v. Segen und Schwierigkeiten einer farbigen Fantasie:

Die haben viel Fantasie und könnten ein guter Geschichtenerzähler sein. Das Denken in Bildern liegt Ihnen mehr als strenge Logik. Vielleicht haben Sie manchmal Mühe, Ihre Gedanken klar zu formulieren, und fühlen sich unverstanden. Es ist nicht so einfach, Bilder in lineare Sprache zu übersetzen. Mit dem Erlernen des Sprechens als kleines Kind dürften Sie immer wieder die Erfahrung gemacht haben, dass die Erwachsenen eine klare, strukturierte Sprache wünschten. Sie gaben sich vermutlich die größte Mühe, um sich vernünftig und logisch auszudrücken, und haben möglicherweise viel von Ihrer Fantasie, dem Bildhaften und Traumhaften, weggesteckt. Doch in diesen inneren Bildern steckt ein enormes Potential, das Ihr Denken um vieles tiefer und reicher werden lässt, wenn Sie geeignete Ausdrucksformen dafür finden. Man kann nicht sagen, dass Sie grundsätzlich unvernünftig sind, aber vielleicht lassen Sie sich manchmal Sand in die Augen streuen und zu etwas überreden, das Sie eigentlich gar nicht wollen. Weil Ihnen die Welt der Bilder und Fantasie so nahe steht, ist es manchmal schwierig, Realität und Illusion zu unterscheiden und sich an nackte Tatsachen zu halten. Gerade dies ist jedoch für Sie sehr wichtig. Sie möchten gerne an Wunder glauben und werden dadurch anfällig für Täuschungen. Vielleicht denken Sie manchmal, die ganze Welt habe es darauf abgesehen, Sie zu betrügen. Doch hängt dies weitgehend damit zusammen, dass Sie die Wirklichkeit idealisieren, viel zu viel erwarten und dann enttäuscht sind, wenn Sie durch eine harte Erfahrung auf den Boden geholt werden. Jede Illusion, die wie eine Seifenblase platzt, ist ein – vielleicht schmerzhafter – Hinweis, dass Sie Ihre Fantasie in ungeeigneten Kanälen ausleben und zu sehr mit der Realität vermischen. Ein paar Beispiele, wo Fantasie und innere Bilderwelt ungehemmt zum Ausdruck kommen können, sind Märchen, Mythologie, Film, Fotografie und Werbung. Sie haben das Potential, zu spüren, was in anderen vorgeht, und Stimmungen aufzunehmen. Auch können Sie sich gut in andere hineindenken. Um nicht äußerst beeinflussbar zu sein, ist ein stabiler Halt in sich selbst notwendig. Es kann für Sie wichtig sein, Entscheidungen allein im stillen Kämmerlein zu fällen und beispielsweise keine Verträge in Anwesenheit anderer zu unterschreiben, da Sie sich nur schwer vom Einfluss anderer Menschen abgrenzen können. Natürlich hat diese Eigenheit auch eine positive Seite: Wenn Sie die Stimmung des anderen bewusst wahrnehmen können und nicht einfach unbewusst davon überschwemmt werden, kann Ihnen kaum jemand etwas vormachen. Wie mit einem sechsten Sinn spüren Sie, wo etwas nicht stimmt oder wie Sie etwas weitergeben können, so dass der andere Sie versteht.

VII. Beziehung und Ästhetik:

i. Die Liebe zum Originellen:

Sie gehen direkt auf andere Menschen zu und schließen viele und unkonventionelle Kontakte. Mit Ihrem gefühlsmäßigen Engagement sind Sie jedoch ziemlich zurückhaltend. Sie möchten Kontakte mit anderen Menschen, aber gleichzeitig scheuen Sie ein zu enges Beziehungsnetz. Sie brauchen viel Freiraum. Vermutlich fühlen Sie sich von außergewöhnlichen Menschen angezogen. Sie suchen sich Freunde, die Ihnen Abwechslung und Anregung bieten, die ähnliche Interessen haben und mit denen etwas läuft. Partnerschaft bedeutet für Sie eher ein freundschaftliches und anregendes Zusammensein als intensive Leidenschaft. Gefühlsmäßige Verstrickungen schätzen Sie nicht. Doch sind Sie dankbar für immer wieder neue gemeinsame Experimentierfelder wie beispielsweise Formen des Zusammenlebens, Ausdruck von Erotik oder Kleiderstil. Um in einer Partnerschaft längerfristig glücklich sein zu können, brauchen Sie eine ganze Menge Originalität, die entweder Sie oder Ihr Partner in die Beziehung einbringen. Ihr Idealbild einer Frau hält sich kaum an gesellschaftliche Wertmaßstäbe, und Sie gehen in Ihrer Rolle als Frau Ihren eigenen Weg. Auch Ihr Schönheitsempfinden ist individuell geprägt. In Kunst und Musik begrüßen Sie eher neue Strömungen und sind nicht so sehr ein Verfechter des Althergebrachten. Ihre Kleidung mag einen modischen, auffallenden oder originellen Anstrich haben.

ii. Partnerschaft verlangt Intensität:

Ihnen liegt nicht viel an einer oberflächlichen Beziehung. Leidenschaft und Sexualität möchten Sie haben und auch leben. Wenn Sie eine Partnerschaft eingehen, verlangen Sie vom Partner eine totale Hingabe, fast könnte man sagen, Sie wollen ihn besitzen. Für das Verborgene, Untergründige in einer Partnerschaft haben Sie einen scharfen Blick. Sie möchten die dunklen Seiten Ihres Partners erforschen. Hat Ihr Partner eine Vergangenheit, die Sie nicht kennen, lassen Sie ihm kaum Ruhe, bis Sie alles wissen. Der Wechsel von Licht und Schatten ist für Sie eine notwendige Voraussetzung für eine befriedigende Beziehung. Sie wollen den Partner ganz. Dadurch wird die Beziehung sehr intensiv und leidenschaftlich, und es kann immer wieder geschehen, dass der eine den anderen verletzt. Das oberflächliche „Wir sind ein Herz und eine Seele“ ist der Gefühlstiefe, die Sie anstreben, kaum gewachsen. Doch gerade dies gibt Ihrer Partnerschaft die Qualität, die Sie brauchen und suchen. Auch Schönheit hat für Sie etwas Geheimnisvolles und Dunkles. Beispielsweise könnte Sie die ägyptische Kultur, ein Maler wie Salvador Dali oder ein Spinnennetz mit Tautropfen faszinieren.

iii. Partnerschaft mit Format:

Durch Beziehungen bringen Sie Stabilität in Ihr Leben. Sie können aus einem Miteinander viel inneren Halt und Sicherheit entwickeln. Beziehung ist für Sie ein Thema, das Sie sehr ernst nehmen. Sie zeigen in diesem Bereich Verantwortung, Treue und eine eher konservative Einstelllung. Es ist für Sie selbstverständlich, dass es in einer Partnerschaft Probleme gibt und dass man diese lösen und daran wachsen kann. Sie schließen nicht leichtfertig enge Beziehungen, doch wenn Sie sich für einen Menschen entschieden haben, so bemühen Sie sich um ein solides Fundament der Partnerschaft. Sicherheit ist Ihnen wichtig, was sich zum Beispiel in klaren Absprachen oder einem traditionellen Eheschein äußern mag. Tauchen Schwierigkeiten auf, so werden Sie diese entweder stillschweigend erdulden oder daran arbeiten. Sie werden jedoch nicht ohne weiteres davonlaufen oder sich bei Drittpersonen Hilfe holen. Selbstwert ist ein wichtiges Thema in Ihrem Leben, und Sie sind auch bereit, sich dafür einzusetzen. Sie stellen hohe Anforderungen an Ihre weibliche Erscheinung. Vermutlich tun Sie viel für Ihr Aussehen, achten auf perfekte Kleidung und Frisur. In Ihrem Auftreten halten Sie sich an die Regeln der Gesellschaft. Im Morgenrock öffnen Sie beispielsweise kaum einem Besuch die Türe, noch würden Sie in Jeans und Turnschuhen ein nobles Speiselokal aufsuchen.

iv. Der Traum vom großen Glück:

Sie haben ein starkes Bedürfnis nach Nähe und Hingabe. In einer Liebesbeziehung möchten Sie möglichst jede Grenze zwischen sich und Ihrem Partner auflösen und zu einer Einheit verschmelzen. Es kann sein, dass Sie Ihren Partner idealisieren und ihn nicht so sehen, wie er wirklich ist. Sie vergessen leicht, dass der Partner ein eigenständiger Mensch ist und sich bei zu viel Nähe vielleicht eingeengt fühlt. Ihr Bedürfnis nach Harmonie und Verschmelzung ist so stark, dass es für den anderen manchmal fast zu viel wird. Vor allem in jungen Jahren neigen Sie dazu, jede Beziehung in rosaroten Farben zu sehen. Sie meinen in Ihrem Gegenüber den Märchenprinzen zu erkennen, von dem Sie so lange geträumt haben. Ihre Erwartungen sind so hoch, dass kaum ein Mann die Voraussetzung hat, diesen zu entsprechen. Sie sind auf der Suche nach Personen, welche Sie idealisieren können. Sie neigen dazu, die anderen nicht so zu sehen, wie sie tatsächlich sind. Deshalb werden Sie vermutlich oft von Menschen enttäuscht, denen Sie all Ihre Liebe gegeben haben. Wenn Sie jemanden lieben, meinen Sie, alles für diesen Menschen tun zu müssen, und sind dann enttäuscht, wenn er oder sie Ihre Liebe gar nicht annehmen will. Mit den Jahren gelingt es Ihnen immer besser, sich auch von einem geliebten Du klar abzugrenzen und die Menschen so zu nehmen, wie sie tatsächlich sind. So wird auch ein Leben zu zweit im Alltag besser möglich. Sie lernen, Ihrer enormen Hingabefähigkeit und Fantasie Ausdruck zu verleihen, ohne eine Enttäuschung befürchten zu müssen. Sie haben eine romantische und verträumte Ader. Die Schönheit von Natur, Musik oder Kunst kann Sie geradezu berauschen; und Sie haben die Fähigkeit, sich diesem Genuss voll hinzugeben.

v. Eine intensive Beziehung:

Oberflächliche Beziehungen sprechen Sie nicht an; Sie suchen Intensität und Leidenschaft. Dabei schleichen sich auch Machtspiele ein. Der eine oder andere Partner ist der stärkere, ein Kräftegleichgewicht mit gegenseitigem Vertrauen ist für Sie ungewohnt und schwer zu erreichen. In Ihrem Leben dürfte Sexualität eng mit Beziehung verknüpft sein. Sexualität ist für Sie eine der geeignetsten Möglichkeiten, Intensität und Leidenschaft auszuleben. Auch in diesem Bereich ist ein subtiles Machtspiel zumindest in jungen Jahren wahrscheinlich. Je mehr es Ihnen jedoch gelingt, neben der körperlichen Vereinigung auch eine Verschmelzung im seelischen und emotionalen Bereich zu erreichen, desto größere Befriedigung werden Sie finden. Um dem Partner zu beweisen, dass Sie es wert sind, geliebt zu werden, sind Sie bereit, sehr viel für ihn zu tun. Dies kann zur starken Motivation für eine berufliche Karriere oder ein anderes Ziel werden. Sie suchen Intensität in der Beziehung und dies sind Formen davon. Eine andere Möglichkeit für Intensität ist eine sehr nahe Beziehung mit tiefen Gefühlen. Dazu müssen Sie Kontrollbedürfnis und Zurückhaltung abbauen und sich ganz dem anderen hingeben. Wahrscheinlich fällt Ihnen dies eher schwer. Solche inneren Barrieren lassen sich nur in einem jahrelangen Prozess Schritt für Schritt auflösen. Dabei kann die Erfahrung einer zunehmenden Gefühlstiefe Ihre Partnerschaft um vieles bereichern. Sie haben ein großes kreatives Potential. Wenn Sie dafür einen Kanal finden und in Beruf oder Freizeit schöpferisch tätig sind, wird der Druck auf das Beziehungsthema geringer.

VIII. Handlung und Durchsetzung:

i. Zielgerichtetes Handeln:

Sie handeln sachlich und zielstrebig. Ihre Aktivitäten erinnern an die umsichtige und führende Autorität eines Vaters. Sie sind sich der Verantwortung für Ihr Tun bewusst, und Sie ziehen bewährte und konventionelle Methoden vor. Auch tun Sie nur ungern etwas, das den gesellschaftlichen Regeln widerspricht. Wenn immer möglich, setzen Sie sich ein klares Ziel, das Sie mit Ausdauer und Hartnäckigkeit Schritt für Schritt verwirklichen. Dabei können Sie Ehrgeiz und Tatkraft mobilisieren, um zu erreichen, was Sie sich vorgenommen haben. Auch wenn sich die äußeren Umstände verändern, weichen Sie nur ungern von Ihrer Linie ab. Im Extremfall verfolgen Sie unbeirrbar Ihren Weg, gemäß dem Motto: Der Zweck heiligt die Mittel. Auch zu sich selbst sind Sie eher ernst und streng und haben wenig Zeit für Spiel und Spaß. Hierarchien und Strukturen sehen Sie als notwendige Voraussetzungen für das Funktionieren einer Gesellschaft. Sie erkennen Autoritätspersonen an und streben selbst nach einer solchen Position. So sind Sie an Arbeitsplätzen gefragt, an denen Zuverlässigkeit, Sachlichkeit und Ausdauer erforderlich sind.

ii. Das Bedürfnis, realitäts- und alltagsbezogen zu handeln:

Sie verfügen über Tatkraft und Handlungsfähigkeit, die sich vor allem im Alltag bewähren. Wenn es um alltägliche Probleme geht, wollen Sie konsequent und methodisch vorgehen. Stellt sich Ihnen etwas in den Weg, können Sie ziemlich ärgerlich werden. Gemäß dem Motto „Steter Tropfen höhlt den Stein“ vermögen Sie in unermüdlicher Kleinarbeit nicht nur den Alltag zu bewältigen, sondern auch größere Ziele zu erreichen. Sie sollten allerdings darauf achten, dass Sie sich nicht im Detail verlieren und durch ein übertriebenes Perfektionsbedürfnis von sich und den anderen zu viel fordern. Sie handeln in der Regel um der Sache willen und nicht so sehr für Anerkennung. Die Freude am Gelingen und an der Bewältigung von konkreten Schwierigkeiten ist vermutlich größer als Ihr Bestreben nach Beachtung und Lob. Im Vordergrund steht stets die Frage nach dem Nutzen einer Handlung. Dient sie im weitesten Sinne der Alltags- und Existenzbewältigung, so sind Sie zu großem Einsatz bereit. Mit großer Wahrscheinlichkeit verkörpert der Typ Mann, der Sie fasziniert, viel von diesen Eigenschaften. So gefallen Ihnen vermutlich praktische, sachliche und vernünftige Männer, mit denen der Alltag gemeistert und eine Arbeit geleistet werden kann. Eine Liebesbeziehung, die gleichzeitig auch eine Arbeitsgemeinschaft ermöglicht, dürfte Sie in besonderem Maße ansprechen.

iii. Tatkraft mit Leidenschaft:

Sie haben ein enormes Energiepotential, das wie ein Vulkan in Ihnen schlummert. Es hängt von Ihren übrigen Anlagen und Ihrer Erziehung ab, ob Sie zu dieser Energie stehen und sie ausdrücken oder ob sie Ihnen zu bedrohlich erscheint und Sie nichts davon zu zeigen wagen. Im zweiten Fall geben Sie sich sanft und liebenswürdig. Kaum jemand wird Sie als aggressiv bezeichnen. Sie fühlen sich oft energielos und ausgebrannt. Vielleicht spüren Sie, wie es manchmal in Ihnen brodelt; aber Sie wagen es kaum, den Vulkan ausbrechen zu lassen, aus Angst, die Kontrolle zu verlieren. Trotz ausgebrochener Sanftheit strahlen Sie etwas von dieser ungelebten Energie aus, das andere Menschen auf einer unbewussten Ebene als Aufforderung wahrnehmen, die verhaltene Kraft für Sie auszuleben. Aus diesem Grund dürften Sie außergewöhnlich oft mit Gewalt und Machtmissbrauch, auch im sexuellen Bereich, konfrontiert werden. Solche Erfahrungen können sehr erschreckend und schmerzhaft sein. Sie sind jedoch als Aufforderung zu verstehen, den dunklen Seiten des Lebens ins Antlitz zu blicken, die Angst vor der eigenen Kraft, dem eigenen Zerstörungspotential und der eigenen Zwanghaftigkeit zu überwinden und Schritt für Schritt die Energien zum Fließen zu bringen, auch wenn sie sich nicht immer so zeigen, wie Sie es vielleicht gerne hätten. Wenn Sie gelernt haben, diesen Persönlichkeitssteil oder Schauspieler auf Ihrer Bühne auftreten zu lassen, das heißt die Energie auszudrücken und zu leben, zeigt sich dies in einer enormen Einsatzbereitschaft und Leistungsfähigkeit. Ihre Aktivitäten haben etwas Leidenschaftliches und manchmal auch Zwanghaftes oder Zerstörerisches, das es zu akzeptieren und in geeignete Bahnen zu lenken gilt. Sie können ziemlich ehrgeizig, kompromisslos und belastbar sein und ein Projekt mit eiserner Härte durchziehen. Eigene Fehler und Schwächen zeigen Sie nicht gern. Sie gehen aufs Ganze, in der Arbeit, wie in der Sexualität. Das Potential dieser nicht ganz einfachen Stellung ist eine enorme und überdurchschnittliche Tatkraft, Leistungsfähigkeit und Belastbarkeit. Die Schwierigkeit besteht darin, diese Energie richtig zu kanalisieren, beispielsweise in hohen Anforderungen im Beruf oder in sportlichen Leistungen, und nicht zuletzt in einem intensiven und erfüllten sexuellen Leben. Sie fühlen sich zu starken Männern hingezogen. Vor allem, wenn Sie Mühe haben, zur eigenen Power zu stehen und geeignete Ausdrucksformen zu finden, neigen Sie dazu, sich Partner mit den entsprechenden Eigenschaften auszusuchen, um so die Urkraft, den eisernen Willen und die Kompromisslosigkeit, eventuell auch das Zwanghafte und Manipulierende Ihres eigenen Wesens zu erleben.

IX. Die Suche nach Sinn und Wachstum:

i. Der Glaube an Strukturen und Ziele:

Sie setzen großes Vertrauen in Gesetz und Ordnung. Den Sinn des Lebens sehen Sie unter anderem in einem Beitrag an die Gesellschaft. Fast könnte man sagen, Sie betrachten die Hierarchien sowohl im Beruf wie auch in öffentlichen und staatlichen Bereichen als gottgewollt. Zumindest dürften diese Ihnen als sinnvoll erscheinen. Sich in diesem vorgegebenen Rahmen für ein klar definiertes Ziel einzusetzen, vermittelt Ihnen ein erhabenes Gefühl und lässt Sie innerlich wachsen. Sie suchen auf eine rationale, strukturierte und verantwortungsbewusste Art nach dem Sinn des Lebens. Neue Weltanschauungen und Konzepte prüfen Sie vor allem auf Stabilität und Bodenständigkeit. Nur was Ihnen sicher, zweckdienlich und vernünftig erscheint, findet Einlass in Ihr Weltbild.

ii. Der Reichtum liegt in den dunklen Aspekten des Lebens:

Schon als kleines Kind durften Sie vermutlich die Erfahrung machen, dass es sich lohnt, den Dingen auf den Grund zu gehen. Auch heute suchen Sie den Sinn im Verborgenen und lieben es, Türen zu öffnen, die andere lieber geschlossen halten. Vielleicht motiviert Sie die Hoffnung, die Antwort nach dem Sinn des Lebens hinter einer dieser Türen zu finden. So machen Sie auch vor Tabus nicht Halt. Dies könnte sich in einem großzügigen Umgang mit Sexualität und Machtthemen zeigen. Auch vor den von der Gesellschaft Ausgestoßenen, vor Behinderten, Kriminellen oder Süchtigen scheuen Sie vermutlich nicht zurück. Krisen können von Ihnen in einem größeren Zusammenhang gesehen und erfasst werden. Sie haben die Fähigkeit, auch in schwierigen Situationen einen Sinn und etwas Positives zu entdecken. Sie haben ein gutes Talent, mit fremdem Besitz umzugehen. Vielleicht verwalten Sie Geld oder vertreten die Rechte anderer Personen. Möglicherweise riskieren Sie viel und haben Erfolg damit. Es dürfte Ihnen in der Regel gelingen, den Besitz anderer Leute zu vermehren. Die größte Klippe besteht darin, dass Sie übertreiben und allzu verschwenderisch mit fremden Geld und Besitz umgehen.

iii. Der Wunsch, alles Schwere abzustreifen:

Manchmal mag eine Stimme Ihnen zuflüstern, warum Sie nicht einfach die Fesseln des gewohnten Alltagslebens abstreifen, davonfliegen und alle Grenzen sprengen. Etwas in Ihrer Persönlichkeit wehrt sich gegen ein gesetztes Leben und gegen jede Art von Einschränkung. Es verleiht Ihnen einen Schuss Abenteuerlust, Originalität, unkonventionelle Ideen und eine gewisse Überheblichkeit, denn es kennt keine Rücksicht auf persönliche Motive und Gefühle. Wenn dieser Teil in Ihnen zum Zuge kommt, dann wagen Sie im übertragenen Sinn – oder vielleicht auch im ganz konkreten – einen Fallschirmsprung. Zumindest für kurze Zeit heben Sie die üblichen Beschränkungen auf und genießen einen Blick aus höherer Warte. Sie können voller Begeisterung eine Idee anpacken, neigen jedoch dazu, Vernunft und Sachlichkeit in gewissen Momenten leichtfertig über Bord zu werfen. Vor allem wenn Sie dem nach Freiheit hungernden Individualisten in sich zu wenig Raum geben, können schon einmal die Sicherungen durchbrennen. Verfügen Sie über positive Ausdruckskanäle, so gewinnen Sie viel Lebensfreude aus solchen Höhenflügen. Der Überblick aus höherer Warte lässt Sie den Lebenssinn hinterfragen und die Relativität einer Ansicht erkennen. Für zukünftige Möglichkeiten haben Sie eine gute Nase. Auch neigen Sie zu ungewöhnlichen Interessen. Ihr starkes Bedürfnis nach Expansion und Weite zeigt sich in allen Lebenslagen.

iv. Das Leben ausschöpfen:

In Ihnen schlummert – mehr oder weniger verborgen – eine geballte Kraft. Sie strebt nach dem Größten und kann ziemlich maßlos sein. Sie will das Leben voll ausschöpfen und sucht leidenschaftlich nach einem Sinn. Sie hinterfragt jede Weltanschauung und lässt Sie nie ganz zur Ruhe kommen. Es ist wichtig, dass Sie diese innere Stimme akzeptieren und sich nicht scheuen, der eigenen Größe zum Ausdruck zu verhelfen. Diese vielleicht indirekte Suche nach Wahrheit und Sinn lässt Sie zu innerer Stärke heranwachsen. Dabei liegt die Betonung auf dem Weg, nicht so sehr auf dem Ziel.

X. Die Suche nach Struktur und Ordnung:

i. Die Pflicht, Kommunikation und Wissen zu schulen:

Die Konstellation symbolisiert eine Auseinandersetzung mit Sprache und Intellekt. Sie neigen dazu, hohe Anforderungen an Ihre sprachlichen Fähigkeiten und Ihr Wissen zu stellen. Die Unzufriedenheit über jedes falsche Wort treibt Sie an, Ihre sprachlichen Ausdrucksmöglichkeiten zu verbessern, sich ein solides Fachwissen anzueignen und sich im logischen Denken zu üben. Je mehr Sie dies tun, desto mehr Sicherheit gewinnen Sie aus Ihrem Wissen und Ihrer sprachlichen Fertigkeit.

ii. Die Forderung, Halt im Irrationalen zu finden:

Sie möchten alles Irrationale, nicht Fassbare, Mystische oder Chaotische in klare Formen bringen. Das Unsagbare, Transzendente möchten Sie fassbar machen. Vielleicht haben Sie Angst vor nicht konkreten und greifbaren Dingen, vor Ihren Träumen oder vor weiten Plätzen oder engen Räumen. Wenn Sie allein sind, beschäftigen Sie sich mit etwas, um nicht der Tiefe in sich selber begegnen zu müssen. Angst ist immer auch eine Aufforderung zur Aufmerksamkeit. Die Aufgabe besteht darin, sich immer wieder mit dem Unfassbaren auseinanderzusetzen und zu akzeptieren, dass das Unbegreifliche nicht begreifbar gemacht werden kann, und sich dieser kosmischen Dimension, Gott, einem größeren Ganzen oder wie immer man es nennen will – voll Vertrauen hinzugeben. Dazu müssen Sie so viel inneren Halt entwickeln, dass Sie Dinge geschehen lassen können, ohne sich sofort abzusichern. Sie sind dann vergleichbar mit einem Fels im Meer, der sich überschwemmen lässt und trotzdem nicht weicht. Möglicherweise leben Sie dieses Thema von Struktur und Auflösung in einem helfenden Bereich. Sie fühlen sich verantwortlich für die Schwächeren in unserer Gesellschaft, für Kranke oder sozial Benachteiligte. Mit viel Hingabe versuchen Sie, das Chaos im Leben anderer Menschen zu strukturieren und über diesen Weg auch im eignen Innern Halt und Sicherheit zu finden.

iii. Zwischen Tradition und Fortschritt:

Einerseits haben Sie das Bedürfnis nach einem sicheren, strukturierten Leben, andererseits ein Verlangen nach der Entwicklung der eigenen Individualität. Sie sehen den Wert des Altbewährten und gleichzeitig die Möglichkeiten, die die Zukunft in sich trägt. Obwohl Sie damit zwischen Gegensätzen stehen, treffen Sie meist eine gute Wahl, verändern, was der Veränderung bedarf, und bewahren, was dem Leben Stabilität und Sicherheit verleiht. Sie haben ein starkes Bedürfnis, Altes mit Neuem zu verbinden. Ihre angeborene Fähigkeit, beides zu respektieren, ermöglicht es Ihnen, bahnbrechend zu wirken. Sie haben ein feines Unterscheidungsvermögen zwischen dem, was alt und überholt ist, und demjenigen, was Bestand hat. Mit Geschick und Fingerspitzengefühl finden Sie den Mittelweg zwischen Tradition und Fortschritt.

iv. Zwischen Traum und Wirklichkeit:

Möglicherweise erleben Sie sich als Gast auf dieser Welt. Die Aufgabe, mit dem Alltag zu recht zu kommen, mutet Ihnen vielleicht manchmal seltsam an. Sie stehen mit einem Fuß in der Realität und mit dem anderen in einer irrealen Welt, und Sie sind nie ganz sicher, ob Ihnen nicht gleich der Boden unter den Füßen weggezogen wird. Der grenzauflösende Zug in Ihrer Persönlichkeit verlangt eine Auseinandersetzung mit dem, was jenseits der Realität liegt. Das Irreale, Unfassbare und nicht Bodenständige kann zum Beispiel durch Religion, Meditation, Musik, Helfen, Sucht, einem Wassersport oder anderweitigem Umgang mit Wasser erlebt werden. Vielleicht fühlen Sie sich verpflichtet, anderen zu helfen. Es ist sogar möglich, dass Hilfsbedürftige beträchtlich über Ihre Zeit verfügen, und Sie sich fast schuldig fühlen, wenn Sie jemandem etwas abschlagen und dafür etwas für sich selber tun. Helfen in einem ausgeglichenen Maß festigt Ihre innere Sicherheit und Stabilität. Im Übermaß können Sie sehr darunter leiden. Wenn Sie grundsätzlich sehr realitätsbezogen sind, ist es denkbar, dass Sie mit großer Anstrengung versuchen, das Irrationale und Unfassbare aus Ihrem Leben auszuschließen. Sie erleben es dann vermutlich durch einen entsprechenden Partner oder selber in Form einer Sucht. Auch ein Pendeln zwischen strukturierter Arbeit und Alkohol am Feierabend ist denkbar. Letztlich geht es immer um ein Zusammentreffen zweier Welten. Sie werden aufgefordert, den Umgang sowohl mit der Realität wie mit der inneren Traum- und Bilderwelt zu üben und mit der Zeit eine Verbindung zu schaffen.

v. Sicherheit aus dem Dunklen schöpfen:

Sie lehnen patriarchalische und autoritäre Formen ab, gehen instinktivem Triebverhalten aus dem Weg und sind doch auf eine eigenartige Weise fasziniert davon. Sie wollen nicht von autoritären Personen angetrieben oder kontrolliert werden. Sorgfältig beachten Sie Ihr Verhalten, um keine Schwachstelle zu zeigen. Fast könnte man sagen, Sie hätten Angst vor der destruktiven Macht der Außenwelt. Sich nicht in eine Gruppe integrieren wollen, Außenseiterpositionen, Platzangst oder ein mulmiges Gefühl in großen Menschenmengen sind ein paar konkrete Beispiele dafür. Dieses Dunkle, das Sie in der Außenwelt ahnen, spiegelt Ihre eigene emotionale Tiefe wider. Es ist schwierig, diese dunkle und auch wilde und instinkthafte Seite zu akzeptieren. Wenn Sie sie nicht ablehnen, erschließt sie Ihnen jedoch Lebenskraft und Einsicht bis in die tiefsten Tiefen der menschlichen Seele. Daraus können Sie eine große Sicherheit entwickeln, nämlich Sicherheit in sich selber, die Ihnen keine äußeren Geschehnisse je wieder nehmen können.

XI. Das Bedürfnis nach Veränderung:

i. In einem geistig regen Zeitgeist geboren:

Der Windgeistcharakter manifestiert sich auf die Art, dass man fast von einer kollektiven Prägung sprechen könnte. Der Zeitgeist zeigt sich mit Charme, Fairness und Unverbindlichkeit. Veränderungen vollziehen sich mehr im Denken als im konkreten Leben. Sie und Ihre Zeitgenossen lassen sich zwar gerne auf neue Experimente ein, brauchen jedoch die Gewissheit, dass die Harmonie des bisherigen Lebens nicht allzu sehr aus dem Gleichgewicht gebracht wird. Sie dürften für mehr Freiheit in Beziehungen einstehen, vorausgesetzt, der neue Wind kräuselt die Wellen nur sanft. Neue Ideen sollen unmerklich, mit Takt und diplomatischem Geschick eingeführt werden.

ii. Experimentierfreude:

Sie suchen nach Ausdrucksmöglichkeiten, die nicht der Norm entsprechen. Spielen Sie gern Theater? Sie mögen es, wenn Sie sich verwandeln können. Es macht Ihnen Spaß, sich immer wieder in einer anderen Aufmachung zu zeigen. Sie sind kreativ und haben den Drang, aus dem gewohnten Rahmen zu fallen. Dies muss nicht unbedingt auf einer konkreten Theaterbühne sein, jedoch möchten Sie Ihre individuellen Eigenheiten gleichsam auf der Bühne des Lebens zur Schau stellen. Sie haben einen Schuss Abenteuerblut in den Adern und können sich aus heiterem Himmel für irgend eine verrückte Sache entscheiden. Wenn nicht Rücksichten auf gesellschaftliche Normen Sie zurückhalten, sind Sie auch einem Liebesabenteuer nicht abgeneigt. Auch Ihre Vorstellung vom Umgang mit Kindern und Jugendlichen dürfte kaum der üblichen Norm entsprechen. Sie haben Ihre eigenen Ideen, wie man Kinder erzieht. Diese Experimentierfreude verschafft Ihnen viele Erfahrungen und Erkenntnisse und bringt Sie Ihrem eigenen Wesen näher.

iii. Ablenkung vom eigentlichen Ziel:

Ein spontaner Einfall oder ein unvorhergesehenes Ereignis lassen Sie ziemlich schnell Ihren eigentlichen Lebensweg vergessen. Sie lassen sich gerne hier ein bisschen ablenken und verweilen dort ein wenig, um vielleicht nicht das tun zu müssen, was Ihnen eine innere Stimme eingibt. Das Leben ist ein Weg, auf dem viele originelle und außergewöhnliche Dinge Sie aufhalten und eine immer wieder neu aufflammende Unruhe mit sich bringen. Trotz all dieser Ablenkungen sollten Sie sich immer wieder von neuem Ihrer eigentlichen Lebensaufgabe zuwenden.

XII. Die Sehnsucht nach Auflösung und Hingabe:

i. Kollektive Idealisierung von Wachstum:

Die Tierkreisstellung deutet auf eine kollektive Tendenz, voller Elan nach den höchsten Idealen zu streben. Ihre Generation vertritt eine religiöse Begeisterung, die weit über eigentliche Glaubensfragen hinaus romantische Vorstellungen von einer heilen Welt kreiert und die totale Hingabe an ein Ideal zum Ziel hat. Damit können starre Dogmen aufgelöst und Anschauungen und Glaubenssätze durchlässiger gemacht werden. Aber ebenso ist ein Abgleiten in eine idealisierte Schein- und Traumwelt denkbar.

ii. Feinfühlig in der Arbeit:

In Ihrem Alltag sind die Grenzen zwischen Realität und Illusion unklar. Das kann heißen, dass Sie in einem Bereich arbeiten, in dem die Themen Auflösung und Hingabe auf die eine oder andere Art vorhanden sind. Sie können beispielsweise eine Helfertätigkeit ausüben. In Ihrer Arbeit reagieren Sie feinfühlig auf äußere Bedingungen und innere Impulse. Sich an einen geordneten Tagesablauf zu halten, dürfte Ihnen eher schwer fallen. Sie gehen lieber nach Gefühl vor, als sich an klare Regeln zu halten. Konkret könnte sich dies durch ein Chaos auf dem Schreibtisch, vergessene Termine oder verlegte Hausschlüssel zeigen. Das Gemeinsame an all diesen äußerlich verschiedenen Beispielen ist das Formlose, nicht ganz Fassbare und Begreifbare. Schwierig wird der Alltag, wenn der Ordnungssinn überwiegt und Sie jede freie Minute verplanen, denn dann erleben Sie das auflösende Prinzip als lästige Ungewissheit, als Täuschungen im Arbeitsbereich oder in Form von diffusen körperlichen Symptomen. Sie haben die Fähigkeit zur Hingabe an die kleinen Dinge des Alltags. So können Sie sich völlig an den Alltag verlieren und dabei ein Gefühl der Verbundenheit mit einem größeren Ganzen empfinden. Arbeit wird zum Ritual, das Ihnen hilft, über den materiellen Bereich die Türe zum Spirituellen zu öffnen. Auch Ihr Körper reagiert nicht ganz fassbar, das heißt, dass Ihr Körper selten ein klar diagnostizierbares Krankheitsbild zeigt, wenn Sie krank werden. Da nicht so sehr ein einzelnes Organ betroffen ist, sondern eher der ganze Körper mit Unwohl-Sein reagiert, sprechen Sie gut auf ganzheitliche und alternative Heilmethoden an.

XIII. Die dunkle Seite:

i. Macht und Harmonie:

Ihre Generation zeichnet sich aus durch eine tiefgreifende Suche nach Gleichgewicht, speziell in Partnerschaft, jedoch grundsätzlich in allen Belangen, die aus den Fugen geraten sind. Qualität geht vor Quantität. Doch im leidenschaftlichen Engagement für Harmonie und Frieden ist oft nur ein kleiner Schritt von fairer Taktik zu Manipulation.

ii. Das zwingende Bedürfnis nach Geborgenheit:

Die Frage nach der Existenzberechtigung wurde Ihnen mit in die Wiege gelegt, und Sie werden sich – bewusst oder unbewusst – immer wieder damit konfrontieren. Sie sind vermutlich stark mit Ihrer Familie, Ihrer Mutter oder Ihrer Herkunft verbunden. Sie haben ein intensives, fast leidenschaftliches Bedürfnis nach Geborgenheit und einem warmen Nest. Das kann bedeuten, dass Sie sehr an Ihrer Familiensituation und Ihrem Zuhause festhalten. Wenn es Ihnen gelingt, diese Mutter-Kind-Geborgenheit nicht in der Außenwelt, bei der Familie und beim Partner zu suchen, sondern in sich selber zu finden, indem Sie sich selber Mutter sind, Ihre Bedürfnisse wahrnehmen und befriedigen, erschließen Sie in Ihrem eigenen Innern eine Quelle der Kraft und Energie. Die Auseinandersetzung mit Familienmitgliedern oder mit der Wohnsituation mag zwar oft zwanghafte Züge aufweisen, Sie zum Loslassen zwingen oder andere Weise schmerzhaft sein. Doch sie hilft Ihnen auch, in sich selbst zur Quelle der Geborgenheit und des Wohlbefindens vorzustoßen.

XIV. Mondknotenachse – Eine Lebensaufgabe:

i. Zwischen Gegensätzen ein Gleichgewicht finden:

Sie stehen spontan zu Ihren Gefühlen, zeigen Ihre Freude und machen dem Ärger Luft. Sie sind ganz Sie selbst, sorgen für Ihr Wohlsein und zeigen sich auch anderen gegenüber fürsorglich, einfach weil Ihnen diese Rolle vertraut ist. Trotzdem sind Sie grundsätzlich eher ein Einzelstreiter, und Ihre Spontaneität wird von der Umwelt gar nicht so sehr gefragt. Auseinandersetzungen dürften Ihnen kaum fremd sein. So vermissen Sie vielleicht oft die nötige Du-Bezogenheit und Diplomatie. Sie möchten zwar die Sache erledigen, es fällt Ihnen jedoch schwer, die anderen Menschen nicht als Herausforderung zu erleben. Entsprechend können Sie vermutlich in gewissen Situationen ziemlich direkt und unhöflich sein. Auch wenn Sie sich durchsetzen, dürfte Ihnen dies keine große Befriedigung vermitteln, denn Sie sind damit letztlich allein. Sie neigen dazu, im Alleingang zu handeln, und reagieren stets auf eine aktive und tatkräftige, eventuell auch aggressive Weise. Zumindest in jungen Jahren lehnten Sie es ab, Probleme gemeinsam zu lösen nach dem Motto: Geteiltes Leid ist halbes Leid. Diese Themen sprechen vor allem Ihre emotionale Seite und Ihr Bedürfnis nach Geborgenheit an. So versuchen Sie vielleicht immer wieder, Schwierigkeiten und den Ernst des Lebens auf eine lebhafte, von Gefühlen geprägte Art zu überspielen. Dabei dürften Sie oft das nötige Verantwortungsbewusstsein vermissen. Sie möchten zwar etwas bewirken, können jedoch nur schwer von einer kindlichen Haltung loslassen. Es fehlt Ihnen an Autorität und Struktur. So reagieren Sie auf eine eher emotionale Weise und überlassen die Verantwortung lieber anderen. Wie Treibsand, in den man immer wieder versinkt und stecken bleibt, hält Sie das Bedürfnis nach kindlicher

Spontaneität in seinem Bann und hindert Sie auf Ihrem Lebensweg. Das Horoskop zeigt hier symbolisch eine Lebensaufgabe: Rückgrat zu entwickeln, zu einer Autorität zu werden und als eigenständiges Wesen Verantwortung für sein Leben zu übernehmen. Es ist wichtig, dass Sie sich Ziele setzen und diese mit einer gewissen Hartnäckigkeit verfolgen. In der pflichtbewussten Erfüllung einer Aufgabe, vor allem in einer Partnerschaft, finden Sie eine Quelle der Lebensfreude. Liebe ist für Sie kein Spiel, sondern etwas, auf das Sie eigentlich bauen möchten. Grundsätzlich könnte Ihr Lernthema mit „Struktur in der Beziehung" überschrieben werden, das heißt, Sie sollten sich besonders um klare Abmachungen, Zuverlässigkeit und gegenseitiges Vertrauen bemühen und auch bereit sein, Schwierigkeiten zu bewältigen, ohne sogleich aus der Partnerschaft davonzulaufen. Ihr Entwicklungsprozess führt weg vom selbstbewussten und durchsetzungsfähigen Ich und hin zu einer Bereitschaft, auf andere Menschen zuzugehen, das Gemeinsame und Verbindende zu erkennen und eine Brücke zu schlagen. Sie werden aufgefordert, auf eine konkrete Art Harmonie zu schaffen und Nähe und Gemeinsamkeit zuzulassen. Dies heißt nicht, dass Sie unbedingt in einer engen und dauerhaften Zweierbeziehung leben müssen. Ihre Möglichkeiten zur Selbstverwirklichung liegen jedoch mehr in Beziehungen als in der Durchführung pionierhafter Projekte. Wichtig ist, dass Sie die Verantwortung für Ihr Leben tragen, auch wenn Sie dabei die Wärme und Geborgenheit der vertrauten Umgebung zeitweise verlassen müssen. Indem Sie auch innerlich erwachsen werden, sich Ziele setzen und diese mit Disziplin und Ausdauer in die Realität umsetzen, ohne daran verhaftet zu bleiben, können Sie immer wieder die sehr befriedigende Erfahrung machen, dass Sie zu Ihrer Macht stehen und in Ihrem Umfeld eine Autorität sein und gleichzeitig Ihre Beziehungen in einem verantwortungsbewussten und liebevollen

Rahmen leben können. Letztlich vermittelt Ihnen dies inneren Halt und Sicherheit. All diese Aufforderungen mögen für Sie wie Abenteuer klingen, gilt es doch, sich dem Leben auf eine ungewohnte, bisher noch nicht geübte Art zu stellen. Doch ist es gerade dieses Ungewohnte, das Ihnen eine große Befriedigung vermitteln kann.

XV. Chiron – Der verwundete Heiler:

i. Durchsetzung ist eine heikle Sache:

Im Zusammenhang mit dem Thema „Chiron im Haus“ werden Eigenschaften wie Mut, Tatkraft und Pioniergeist wichtig. Einerseits dürften Sie diesen Qualitäten mit einer gewissen Vorsicht oder sogar Misstrauen gegenübertreten, weil Sie vielleicht gerade damit schlechte Erfahrungen machen mussten, andererseits können diese zum Wundbalsam und Heilmittel für Ihre verletzliche Seite werden, wenn Sie sich dazu überwinden, vermehrt Ihre impulsive Seite zum Zuge kommen zu lassen, sich spontan durchzusetzen und die Herausforderungen des Lebens tatkräftig anzupacken.

ii. Verletzlich in Gruppen:

Persönliche Freiheit könnte ein heikles Thema für Sie sein. Sie mussten vermutlich in früher Kindheit einige Erlebnisse über sich ergehen lassen, die Sie im Zusammenhang mit Ihrem individuellen Ausdruck empfindlich trafen. Vielleicht erwiesen sich Freundschaften als schwierig. Oder Sie machten verletzende Erfahrungen in Gruppen und fühlten sich fremd und ausgeschlossen. Daraus festigte sich die Einstellung, dass es im kollektiven Zusammenleben schwierig ist, eigene Ideen, Wünsche und Bedürfnisse zu äußern. So kann Ihre Stellung in Gruppen oder im Freundeskreis ein Schwachpunkt in Ihrem Leben sein. Auch der Gesellschaft gegenüber sind Sie möglicherweise kritisch eingestellt, lehnen diese vielleicht weitgehend ab, um dahinter – wenn Sie sehr genau hinschauen – den schmerzhaften Wunsch nach einer positiven Veränderung zu entdecken. Die Tatsache, dass die Freunde, die Gruppe oder die Welt nicht so sind, wie Sie sich diese wünschen, kann Sie zu einem distanzierten Einzelgänger werden lassen. Der mythologische Chiron musste seine Wunde annehmen und konnte dann seine heilenden Kräfte zum Wohle aller einsetzen. Analog dazu besteht die Aufforderung an Sie darin, den Schmerz über die Unmöglichkeit einer perfekten Welt zu akzeptieren und von diesem Standpunkt aus im Kleinen zu verändern, was möglich ist. Indem Sie sich selber und andere akzeptieren, so wie sie sind, und sich so weit eingeben, wie es für Sie ertragbar ist, kann sich die positive Seite dieser Schwachstelle entfalten, und Sie können eine große Feinfühligkeit für gruppendynamische Prozesse und kollektive Strömungen entwickeln. Da Sie wissen, was es heißt, in seinem individuellen Selbstausdruck abgelehnt zu werden, unterstützen Sie durch Ihr Verständnis und Vertrauen andere in ihrem individuellen Ausdruck, was sich letztlich auch für Sie als Segen erweist.

iii. Verletzlichkeit als Basis für eine tiefe Liebe:

Vielleicht genügt es Ihnen nicht, sich einem anderen Menschen gefühlsmäßig nahe zu fühlen, sondern Sie wollen ihn ganz besitzen. Oder wenn Ihnen jemand gefällt, wollen Sie seine Liebe um jeden Preis. Auch Ihre Vorstellungen von Partnerschaft mögen äußerst romantisch sein. Sie neigen dazu, ziemlich unersättlich nach Nähe zu verlangen und Beziehungen einzugehen, die Ihnen nicht bekommen. Sich aus den emotionalen Verstrickungen zu lösen, kann ziemlich schmerzhaft sein. Es gilt, die eigene Empfindsamkeit etwas mehr zu berücksichtigen und trotzdem zu akzeptieren, dass eine Partnerschaft gleichzeitig erfüllende Liebe und schmerzhafte, emotionale und sexuelle Manipulation beinhalten kann. Wenn Sie die helle und dunkle Seite in zwischenmenschlichen Begegnungen annehmen, kann sich Ihre Fähigkeit, andere tief zu berühren und das Verbindende zwischen zwei Menschen zu erkennen und hervorzuheben, zum Segen für andere und für Sie entwickeln.

iv. Schwächen liebevoll annehmen:

Sie stehen sich selber und anderen kritisch gegenüber und neigen zu einer Überbetonung von Fehlern und Schwächen. „Ich bin zu wenig perfekt“ oder „Du machst alles falsch“ können eine Art Leitsätze in Ihrem Leben sein, die Ihnen manches erschweren und zu Verunsicherung und daraus heraus zu vermehrter Kontrolle führen. Doch dies ist eine Sackgasse, und es gilt vielmehr, menschliche Schwächen und die Unvollkommenheit der realen Welt zu akzeptieren. Indem Sie Ihre eigenen Mängel liebevoll annehmen und gleichsam mit dem Mut zur Demut sich trotzdem ganz ins Leben einlassen und Fehler riskieren, entwickeln Sie eine innere Menschenwürde und Sicherheit, die Sie unabhängig vom gesellschaftlichen Status zu einer wahren Persönlichkeit reifen lässt. So können Sie zu einer tiefen Weisheit finden, zu einem Wissen, was möglich ist und wo die Grenzen des Menschen liegen, die trotz aller Bemühungen nicht überschritten werden können. Diese auf einer inneren Sicherheit basierende Ausstrahlung wirkt auf andere sehr ermutigend, wenn es darum geht, Verantwortung zu übernehmen und sich den Aufgaben dieser Welt zu stellen.

v. Versöhnung zwischen dem Irdischen und dem Geistigen:

Die Suche nach Erkenntnis ist für Sie ein wichtiger spiritueller Weg, auf dem – gleichsam als Begleiter – das Chironprinzip des verletzten Heilers immer wieder auf eine Verbindung zwischen dem Geistigen und dem Irdisch-Persönlichen drängt. In Chirons Mensch-Tier-Körper ist scheinbar Gegensätzliches sinnvoll verbunden und soll daran erinnern, dass auch geistige und materielle Prinzipien vereinbar sind. Vielleicht ist Ihnen eine geistige Entwicklung sehr wichtig, Sie streben nach innerer Freiheit und neigen dazu, sich gleichzeitig von Gefühlen und Körperempfindungen zu distanzieren. Vielleicht möchten Sie sich von der Menge abheben. Mitgefühl für menschliches Leid mag fast als Hindernis auf dem Weg der Selbstverwirklichung empfunden werden. Sie mögen auf andere entsprechend kühl und distanziert wirken. Die Folge ist oft Einsamkeit, die Sie schmerzhaft daran erinnert, dass Sie ein Mensch aus Fleisch und Blut und kein total vergeistigtes Wesen sind. Auch das Gegenteil ist denkbar, dass Sie sich nach innerer Freiheit sehnen, jedoch in all den alten Denk- und Verhaltensmustern verhaftet bleiben und neue Ideen ängstlich von sich weisen. Vielleicht erleben Sie immer wieder, dass andere Menschen Ihr Leben aus den Angeln heben und Ihnen auf wenig angenehme Weise mehr Spielraum verschaffen, beispielsweise indem ein Partner Sie verlässt oder Sie den Arbeitsplatz verlieren. Je bodenständiger und konventioneller Ihr Leben ist, desto eher suchen Sie zum Ausgleich Partner, Freunde oder Arbeitskollegen, die offen sind für neue Ideen und Ihnen mit Ihrer Unberechenbarkeit einiges zu schaffen machen. Ob Sie die Gefahren einer Selbstverwirklichung und inneren Suche nach Freiheit über- oder unterschätzen, ob Sie diese bei sich oder durch andere erleben, so symbolisiert die Verletzung Chirons eine Schwachstelle in Ihrer Persönlichkeit, die es Ihnen erschwert, einen solchen Weg zu gehen und trotzdem ganz Mensch mit all den dazu gehörenden menschlichen Schwächen, Lastern und Trieben zu bleiben. Doch Schwächen können, wenn sie akzeptiert werden, zu wichtigen Wegweisern werden. Im Annehmen der eigenen Unvollkommenheit liegt zugleich das Potential, um die geistigen Kräfte zu nutzen, in der Luft liegende, zukunftsträchtige Ideen aufzunehmen und sich dabei auch auf die menschliche Seite, auf Nähe und längerfristige Verpflichtungen einzulassen.

vi. Getrennt-Sein akzeptieren und so zum Weg-Weiser im Eins-Sein werden:

Vielleicht fühlen Sie sich manchmal eins mit allem, was ist, und kurze Zeit darauf werden Sie mit der harten Realität konfrontiert, und es mag Ihnen scheinen, als hätte man Sie aus dem Paradies geworfen. Intuitiv wissen Sie um eine bessere Welt, in der nur Liebe und Einheit herrschen, und es mag Sie manchmal schmerzen, dass die Realität so anders aussieht. Doch es gilt, diese Unterschiede zu akzeptieren und sich zum Beispiel nicht einfach mittels einer lebhaften Fantasie oder Suchtmitteln in eine schöne innere Welt zu entziehen, sondern der inneren Vision von einer allumfassenden Liebe eine Form zu geben und anderen Menschen ihre heilende Wirkung zu vermitteln. Es gibt zwar kein Zurück ins verlorene Paradies, doch wenn Sie die unerfüllbare Sehnsucht in sich annehmen, können Sie für andere zu einem heilsamen Wegweiser in spirituelle Bereiche werden.

vii. Mit dem Dunklen Freundschaft schließen:

Nachtfalter fühlen sich magisch vom Licht angezogen und fliegen immer wieder darauf zu, auch wenn es ihnen gar nicht bekommt. Mit einer Seite Ihres Wesens dürften Sie ganz ähnlich reagieren. Wie das Licht auf den Nachtfalter, so wirken aufwühlende Situationen, in denen Macht, Manipulation, Leidenschaft, Sexualität oder Tod eine große Rolle spielen, anziehend und prägen immer wieder Ihr Leben, ohne dass Sie dies vielleicht beabsichtigen. Macht ist möglicherweise etwas, das Sie von Kind an mit großer Selbstverständlichkeit beanspruchen. Ihre Mitmenschen mögen, um sich zu schützen, mit Rückzug auf Manipulationen Ihrerseits reagieren und Ihnen so schmerzlich die destruktive Seite des Machtthemas vor Augen halten. Ähnlich können zu viel Leidenschaft oder zu starke grüblerische Tendenzen negative Resultate bringen. Oder Sie mussten als Kind Macht in der Position des Unterlegenen erfahren, beispielsweise indem Sie bloßgestellt wurden oder der Willkür anderer schutzlos ausgesetzt waren, und Sie so auch heute noch empfindlich auf jeden Machtanspruch reagieren. Da Sie Ihre eigene dunkle Seite gut kennen, versuchen Sie vermutlich, sich unter Kontrolle zu behalten, und meiden Situationen, in denen Sie allzu Persönliches von sich preisgeben müssten. Abgesehen davon, dass Ihnen dies viel Lebensfreude und Energie kostet, lässt sich Ihr intensiver, instinkthafter, dunkler und lebenshungriger Teil nicht einfach zur Seite schieben, sondern überrollt Ihre Kontrolle und kann so verhältnismäßig leicht eine emotionale oder konkrete Katastrophe in Ihrem Leben anrichten. Wenn Sie diese tiefschürfende Seite in sich ablehnen, dürften Sie gehäuft in der Außenwelt auf entsprechende Situationen und Menschen treffen, zum Beispiel mit Gewalt und Tod, sexuellem oder emotionalem Missbrauch oder anderweitigen Übergriffen als Zuschauer oder sogar als Opfer konfrontiert werden. Auch Vorgesetzte oder Partner eignen sich vorzüglich für die Übernahme der Machtrolle und lassen Sie eventuell auf wenig bekömmlich Weise an Ihren Fäden tanzen. Als der mythologische Chiron nicht länger versuchte, seine Verletzung zu heilen, sondern sie akzeptierte, konnte er für andere zum Helfer werden. Analog zu diesem Bild lautet die Aufforderung an Sie weder Kontrolle über die manipulativen und destruktiven Kräfte in Ihrer Seele noch Ausschluss derselben, sondern ein Akzeptieren und liebevolles Einbeziehen. Auch wenn dies mit Schmerz verbunden ist, so bietet ein demütiges Annehmen der menschlichen Schwächen die beste Möglichkeit, den Umgang mit den eigenen Energien konstruktiver zu gestalten. Indem Sie Ihre Tendenz, sich immer wieder mit Machtthemen anzulegen und sich und andere dabei zu verletzen, als Teil des eigenen Wesens durchschauen und akzeptieren, haben Sie den ersten Schritt getan, Macht etwas gezielter einzusetzen, das heißt, Ihre leidenschaftliche Seite, Sexualität sowie konkrete Macht in Beruf und Gesellschaft mehr zum Wohle aller zu gebrauchen. Der Schmerz über das zerstörte Potential in der Welt und in der eigenen Seele gehört zur Wunde des Chiron, die kaum je ganz geheilt werden kann. Doch je mehr Sie sich und das Leben bejahen, desto mehr klärt sich Ihr Blick für die Hintergründe und Tiefen des Lebens und Sie können anderen eine heilsame und verständnisvolle Stütze in Krisen und schwierigen Lebensphasen sein.

XVI. Lilith – Die weibliche Kraft der Seele:

i. Das Ringen um die absolute Wahrheit:

Der Anspruch, die absolute Wahrheit zu kennen oder finden zu müssen, dürfte sich wie ein roter Faden durch Ihr Leben ziehen. Im gesellschaftlichen wie im philosophischen Bereich sind Sie kein Mitläufer, sondern stehen den konventionellen Formen eher ablehnend gegenüber. Das Nein, das mehr aus der Tiefe der Seele als aus dem Verstand kommen mag, zwingt Sie zu einem immer wieder neu aufflammenden Glaubenskrieg, den Sie mit sich selber oder mit der Außenwelt ausfechten. Zeiten einer intensiven Suche wechseln mit Perioden maßlosen Sich-Gehen-Lassens, beispielsweise in Konsum, sinnlichem Genuss oder Verehrung eines Idols. Eine leidenschaftliche Suche nach mehr Lebenssinn und ein immer wieder neu ansetzender Versuch, die Grenzen der gegenwärtigen Existenz zu sprengen, bringen zwar manche schmerzhafte Unruhe in Ihr Leben. Sie zeigen Ihnen jedoch auch, dass eine einmal gefundene Wahrheit nach einer gewissen Zeit wieder fallen gelassen werden muss. Alles ist Zyklus. Auch Weltbilder und Anschauungen sind nicht von lebenslanger Dauer.

ii. Der Zyklus von Aufbauen und Loslassen:

Eine gesicherte Existenz auf alle Ewigkeiten mag zwar in Ihren Augen ein erstrebenswertes Ziel sein. Doch Ihrer tiefsten emotionalen Natur entspricht ein Zyklus von Aufbau und Loslassen. So erarbeiten Sie sich beispielsweise eine solide Lebensgrundlage oder bauen an einem Arbeitsplatz Struktur und Ordnung auf, um alles wieder loszulassen, sobald Sie das Ziel erreicht haben. Betrachten Sie Arbeit vorwiegend als mühsame Plackerei zur Absicherung der eigenen Existenz, so kann das Loslassen-Müssen ganz erheblich schmerzen. Ein Beispiel wäre Kündigung des Arbeitsplatzes, nachdem Sie die Aufbauarbeit geleistet haben. Je mehr Sie den meditativen oder therapeutischen Aspekt von Arbeit und Existenzkampf erkennen können, desto leichter lassen Sie sich vom zyklischen Aufbau und Aufgeben Ihrer Alltags- und Arbeitssituation tragen. Sie finden zutiefst in Ihrer Seele ein Wissen, dass das Leben weitergeht, auch wenn Ihnen einmal die Existenzgrundlage scheinbar entzogen wird. Ebenso wie für den Arbeitsbereich gilt dies auch für den Gesundheitszustand.

iii. Die Aufforderung, einen Abgrund zwischen Intellekt und Gefühlstiefe zu überbrücken:

Haben Sie auch schon bemerkt, dass Sie Schweigen als wirksame Waffe einsetzen können? Oder ziehen Sie es vor, den anderen mit einem Redeschwall zu überschwemmen? Denken Sie sehr viel und halten so Ihre Gefühle in Schach? Oder lassen Sie diesen freien Lauf, unfähig, einen klaren Gedanken zu fassen und zu formulieren, und kommen sich dabei dumm und unwissend vor? Gefühlstiefe und Intellekt sind zwei Bereiche, die fast nicht zusammenzubringen sind. Sie neigen dazu, sich mit dem einen zu identifizieren und Ihr zweites Gesicht zwar zu ahnen, aber nie ganz zum Zuge kommen zu lassen. Wenn Sie Menschen begegnen, die stark aus dem Kopf oder aus dem Bauch reagieren, gehen Sie oft in den anderen Pol. Beispielsweise erleben Sie, wie ein intellektueller Partner Ihre tiefsten Regungen und Sehnsüchte mit einem kühlen „Alles nur Gefühlsduselei" abtötet. Sucht jedoch ein weinendes Kind Trost bei Ihnen, so wechseln Sie die Rolle und bringen klare Argumente und Ratschläge.

iv. Liebe hat auch eine dunkle Seite:

Wenn Sie mit einem anderen Menschen zusammenleben, so wollen Sie dies mit einer Hingabe und einem Absolutheitsanspruch, der weit über das hinausgeht, was ein Alltag zu zweit an Erfüllung zu bringen vermag. So reagieren Sie enttäuscht, ziehen sich zurück und bringen eine Spirale an gegenseitiger Ablehnung und Liebesbeteuerungen in Gang. Partnerschaft ist kein abstraktes Spiel mit klaren Spielregeln, sondern etwas, das zutiefst berührt. Sie mag gleichzeitig das schönste und das frustrierendste im Leben sein. Liebe findet nicht auf geradem und direktem Weg Erfüllung. Vielmehr scheint Ihnen ein innerer Dämon auf paradoxe Weise Genuss und Sinnlichkeit vorzuenthalten oder umgekehrt Sie davon abhängig werden zu lassen. Das Terrain von Beziehung, Erotik, Genuss und Sinnlichkeit ist eine Art Glatteis, wo Sie immer wieder ausgleiten und buchstäblich auf sich selber zurückgeworfen werden. Sie müssen lernen, auf Ihre innere Stimme zu horchen und das zu tun, was Ihnen gut tut. So finden Sie zu einer weiblichen Urkraft, die nicht in erster Linie Wille kreiert, sondern Sie auf eine eher passive Weise durch das zyklische Auf und Ab des Lebens trägt. Liebe wechselt mit Hass- und Rachegefühlen, Nähe mit kühler Distanz, Zweisamkeit mit Einsamkeit. Je besser der Zugang zu dieser emotionalen Kraftquelle, desto eher können Sie auch zulassen, dass Beziehungen sich laufend verändern, zerbrechen und neue Formen annehmen.

v. Ein ernster und schwermütiger Wesenszug:

Vermutlich haben Sie ein außerordentlich feines Gespür für Schwachstellen sowohl in Ihrem eigenen Leben und Wirken wie auch in demjenigen Ihrer Mitmenschen. Sie neigen dazu, Ihrer Umwelt gleichsam mit dem Seziermesser entgegenzutreten, und fordern absolute Klarheit. Ihre Neigung, das Negative hervorzuheben, kann Sie im Extremfall in die Lage der Braut von König Drosselbart bringen: Ihre Forderungen nach etwas Perfektem sind zu groß, als dass Ihnen das Leben überhaupt etwas bieten kann. So bedarf es vielleicht einiger bitterer Pillen, um einen überhöhten Anspruch ans Leben in gemäßigte Bahnen zu lenken und sich und die anderen wirklich leben zu lassen. Vor allem, wenn Sie versuche, Sicherheit im Materiellen zu erlangen, oder wenn Sie allzu sehr am Jetzt-Zustand festhalten, tritt die Forderung nach messerscharfer Klarheit über die eigenen unterdrückten Impulse umso vehementer durch äußere Erlebnisse auf Sie zu. Gelingt es Ihnen, die Tragik des menschlichen Daseins als eine nicht zu verleugnende Tatsache zu akzeptieren und sich gleichsam auf das Dämmerlicht einzustellen, können Sie Ihre Kräfte voll entfalten. Dies heißt nicht, dass es Ihnen schlecht gehen muss, damit Sie aufwachen und zu einer Höchstleistung fähig werden. Doch verfügen Sie über eine Art melancholische Grundstimmung, die ein besonders fruchtbarer Boden für Kreativität und jegliche Ausdrucksformen Ihrer Persönlichkeit abgibt.

vi. Der unerbittliche Sog nach innen:

Das Tor zum Irrealen, zu archetypischen Bildern und Symbolen, zu Traum und Fantasie steht offen und lädt zum Eintreten ein. In der dahinter liegenden Welt gibt es keine rationalen Gesetzmäßigkeiten und auch keine Unterschiede zwischen Ich-hier-drinnen und Die-anderen-da-draußen. Dies mag Sie verunsichern. Vielleicht zögern Sie immer wieder, sich dieser inneren Welt hinzugeben. Vielleicht fühlt Ihr Ego sich bedroht, dass Sie grundsätzlich alles Irrationale ablehnen und lieber ganz auf dem Boden der realen Welt verbleiben. Dies würde Sie viel Energie kosten. Die Sehnsucht nach dem Namenlosen würde Sie letztlich doch erfassen und beispielsweise in depressive Zustände oder Missbrauch von Alkohol und anderen Drogen ziehen. Eine bewusste Auseinandersetzung mit Ihrer tiefgründigen Seite dagegen vermag Ihnen den Zugang zu einer kreativen, weiblichen Urkraft zu vermitteln. Etwas, das stärker ist als das Ich, als Vernunft und Planung, greift immer wieder in Ihr Leben ein, wirft das Steuer scheinbar mutwillig herum und lässt Sie zerbrechen, wenn Sie allzu stur auf einem einmal eingeschlagenen Kurs beharren. Liebe und Hass mögen oft nahe beieinander liegen. Manche rosarote Illusion mag unter den leidenschaftlichen Stürmen des Daseins zerbrechen und Ihnen gerade dadurch den Weg zu den eigenen Tiefen der Seele freigeben. Sind Sie flexibel und hingebungsvoll genug, sich von den Wellen des Schicksals tragen zu lassen, so können Sie immer mehr die Weisheit erkennen, die allem Sein zugrunde liegt.

vii. Die Kraft der Gefühle:

Frauen verfügen über eine Art Seelenkraft, die sich von der aktiven und vorstoßenden männlichen Energie unterscheidet. Diese Frauenpower, die Gefühlstiefe, Intuition, erotischen Zauber, Liebe, Eifersucht und Hass bis hin zu sexueller Verführung und Abhängigkeit beinhaltet, hat in unserem patriarchal ausgerichteten Wertsystem einen schweren Stand. Sie gehören zu den Frauen, die dafür einstehen können, denn diese typisch weibliche Urkraft steht Ihnen in hohem Maße zur Verfügung. Um sie zum Ausdruck zu bringen, werden Sie sich über einige gesellschaftliche Tabus hinwegsetzen müssen. Horchen Sie auf Ihre innere Stimme und vertrauen Sie Ihrer Intuition und Instinktnatur mindestens ebenso wie Ihrem Verstand, so steht der Weg zu einer erfüllenden Persönlichkeitsentwicklung offen. Wenn Sie sich selber leben, sind Sie zwar für Ihre Umwelt keine bequeme Frau, doch entschädigt Sie die Quelle weiblicher Urkraft, die Sie im eigenen Herzen finden, reichlich dafür.

Printed by Books on Demand GmbH, Norderstedt / Germany